Inhalt

Telematik in der Materialwirtschaft und Logistik

Kernthesen

Beitrag

Fallbeispiele

Weiterführende Literatur

Impressum

GENIOS WirtschaftsWissen Nr. 08/2003 vom 28.08.2003

Telematik in der Materialwirtschaft und Logistik

I.Zeilhofer-Ficker

Kernthesen

- Die Telematik verbindet Telekommunikation und Informatik und ermöglicht die drahtlose Kommunikation von Maschine zu Maschine.
- Die Nutzung der Telematik steckt noch in den Kinderschuhen - viele Applikationen sind in der Erprobung oder werden erst seit kurzem eingesetzt.
- Für die vollautomatische LKW-Maut in Deutschland stellt die Telematik die Schlüsseltechnologie dar - man erwartet von ihrer Implementierung einen Schub für

weitere Telematikdienste im Transportwesen.
- Im Handel verspricht man sich wesentliche Kosteneinsparungen und Erleichterungen vom Einsatz der RFID-Technologie, die die vollautomatische Produktverfolgung im Produktions- und Materialflussprozess ermöglicht.
- Man geht davon aus, dass die Telematik schon in wenigen Jahren aus dem tagtäglichen Gebrauch nicht mehr wegzudenken ist.

Beitrag

Telematik ist zurzeit in Deutschland in aller Munde. Grund dafür ist die geplante kilometerabhängige LKW-Maut in Deutschland. Zum ersten Mal weltweit soll die Mautbe- und -abrechnung vollautomatisch mithilfe der Telematik erfolgen. Wegen technischer Probleme wurde deren Einführung allerdings kürzlich von Ende August auf den 2. November 2003 verschoben. (1)

Was ist Telematik

Telematik ist die Synthese von Telekommunikation und Informatik und wird oft auch mit dem Begriff drahtlose "M2M-Kommunikation", also Maschine-zu-Maschine-Kommunikation, bezeichnet. Die Datenübermittlung erfolgt über Funksysteme oder Satellitenübertragung. (2)

Den denkbaren Anwendungsmöglichkeiten für die Telematik sind schier keine Grenzen gesetzt, von der elektronischen Patientenakte bis zur Produktionsmaschinenüberwachung, von der Diebstahlsicherung bis zur Datensammlung über gefährdete Wildtierarten. Die technischen Möglichkeiten erstrecken sich über den gesamten Lebens- und Arbeitsbereich. Am weitesten fortgeschritten sind Telematikanwendungen in der Sendungsverfolgung.

Trotz erster Erfolge steckt die Technologie noch in den Kinderschuhen und es ist zu erwarten, das mit der Eliminierung der momentanen technischen Schwachstellen ein Boom auf Telematiklösungen einsetzen wird. So erwartet man beispielsweise, dass bereits im Jahr 2010 zwei Drittel der geschätzten 360 Millionen Mobilfunkverträge für die Maschine-zu-Maschine-Kommunikation genutzt werden. (3)

Anwendungsbeispiele von Telematiklösungen

Die LKW-Maut in Deutschland

Das neue deutsche LKW-Mautsystem stellt eine Weltpremiere dar. Denn erstmals soll der Verkehr durch Satelliten überwacht und die gefahrenen Kilometer automatisch abgerechnet werden. Dazu müssen die LKWs mit einer sie identifizierenden On-Board-Unit ausgestattet werden, die ständig Signale der GPS-Ortungssatelliten empfängt und basierend auf den jeweiligen Standort den fälligen Mautbetrag registriert. Die Mautabrechnung erfolgt automatisch alle hundert Kilometer und das Ergebnis wird als SMS an das zentrale Maut-Rechenzentrum weitergeleitet, das die Abrechnung mit den Spediteuren vornimmt. (1)

Für nur selten auf deutschen Autobahnen fahrende LKWs gibt es auch die Möglichkeit der Automatenzahlung an Tankstellen und Rastplätzen bzw. der Anmeldung und Bezahlung via Internet. (4)

Überwacht wird die ordnungsgemäße Mautzahlung vor allem durch ein Netz von 300 Kontrollbrücken, die über Deutschlands Autobahnen verteilt werden. Diese Brücken prüfen jeden durchfahrenden LKW per Videoüberwachungssystem. Durch Infrarotabtastung wird kontrolliert, ob eine On-Board-Unit vorhanden und eingeschaltet ist. Fahrzeuge ohne OBU werden anhand des Fahrzeugkennzeichens, das per Video aufgezeichnet wird, überprüft. Anhand des Kennzeichens kann im Zentralsystem festgestellt werden, ob die Nutzung der kostenpflichtigen Autobahn vorschriftsmäßig angemeldet und bezahlt wurde. Ermittelte Verstöße gegen die Mautpflicht werden an das Bundesamt für Güterverkehr gemeldet, das die entsprechenden Bußgelder eintreibt. (4)

Noch herrscht allgemeine Skepsis darüber, ob das System zum neuen Starttermin 2. November 2003 richtig funktionieren wird. Es fehlt an On-Board-Units, der Einbau und die Initialisierung machen Probleme und es ist auch erst etwa die Hälfte der vorgesehenen 300 Kontrollbrücken aufgestellt. (4)

Trotzdem ist das weltweite Interesse an der neuen Technik groß: auch in Österreich, Großbritannien und den USA ist eine Maut basierend auf Satellitentechnik geplant und Versuche laufen. Sollte die deutsche Lösung erfolgreich sein, erwartet man sich davon nicht nur einen Nachfrageschub für Telematikanwendungen insgesamt, sondern man geht auch davon aus, dass das deutsche Mautsystem ein Exportschlager werden wird. (4)

Telematiklösungen in der Transportwirtschaft

Die Ansprüche der Kunden in Bezug auf Sendungsverfolgung und Liefertreue sind in den letzten Jahren enorm gestiegen. Kein Wunder, dass die Telematiklösungen für Tracking und Tracing bereits zum Standard zählen. Da satellitengestützte Systeme aber noch die Ausnahme bilden, werden die weitreichenden Möglichkeiten der Telematik wie Tourenplanung und -verfolgung, Flexibilisierung der Auftragsabwicklung oder die technische Fahrzeugüberwachung noch nicht in größerem Umfang genutzt. Das Fehlen von einheitlichen Systemen führt zu Schnittstellenproblemen und oft mangelt es an Kartenmaterial, das die anzufahrenden Werksgelände im Detail erfasst. (5), (6)

Doch gerade auf diesem Sektor erwartet man sich von der neuen LKW-Maut eine durchschlagende Verbesserung. Die On-Board-Units können nämlich auch für Mehrwertdienste freigeschaltet werden. Die notwendige Standardisierung dieser Dienste erfolgt damit quasi automatisch, da davon ausgegangen wird, dass mittelfristig alle deutschen LKWs, die regelmäßig die Autobahnen benutzen, mit einer OBU ausgestattet sein werden. Die OBUs ermöglichen die Standortübermittlung sowie den Austausch von Textdaten zwischen Disponenten und den einzelnen Fahrzeugen und sind somit für die oben genannten Aufgaben prädestiniert. (7)

In der Entwicklung ist allerdings auch eine Telematiklösung, die nicht in der Zugmaschine, sondern direkt am Auflieger bzw. am Container stationiert ist. Der Vorteil dieser Lösung liegt darin, dass man beispielsweise den Standort oder die Temperatur der Ladung kontinuierlich kontrollieren kann. Ein automatischer Alarm wird ausgelöst, wenn zum Beispiel der geforderte Temperaturbereich im Kühlanhänger verlassen wird. Durch sofortige Maßnahmen kann die Ware vor dem Verderben geschützt und ordnungsgemäß ans Ziel gebracht werden. Ähnlich funktioniert der Diebstahlsschutz, denn durch die GPS-Ortung kann jederzeit festgestellt werden, wo sich der gestohlene Container gerade befindet. (8)

Neben den bereits allgemein bekannten Navigationssystemen sind technisch umfangreiche Zusatzfunktionen für Fahrzeuge verfügbar. Man kann beispielsweise das Türschloss per Satellitenfunk entriegeln lassen, ein Unfall-Crash-Sensor kann, wenn nötig, automatisch einen Notruf an die Rettungsleitstelle absenden, Stauwarnungen direkt von Auto zu Auto sind möglich oder über Remote Access werden Service- oder Stördaten direkt an den Hersteller übermittelt. Einziger Nachteil dieser Anwendungen ist der immer noch viel zu hohe Preis dafür. (9)

RFID - Revolution im Materialfluss

Große Erwartungen setzt man auf die RFID-Technologie (Funkfrequenz-Identifikation) für den Materialfluss sowohl im produzierenden Gewerbe als auch im Handel. RFID-Tags sind Transponder, die mit den Produkt-Identifizierungsdaten programmiert wurden. Passieren diese Tags eine Leseeinheit, werden die Produktdaten registriert und verarbeitet. Großer Vorteil der RFID-Technologie ist die große Reichweite der Lesegeräte (bis zu 1,5 m) sowie die Tatsache, dass zwischen RFID-Tag und Lesegerät kein Sichtkontakt bestehen muss.

Durch RFID kann somit die gesamte Ein- und Ausgangskontrolle von Waren automatisch erfolgen, ebenso wie die Lokalisierung im Lager oder im Regal. Der Handel erwartet sich von RFID aktuelle

Bestandsinformationen, automatische Nachbestellungen, bessere Diebstahlsicherung sowie eine Reduzierung der Bestandsabschreibungen wegen veralteter oder verdorbener Ware. Mit RFID braucht man kein Personal mehr für die Wareneingangskontrolle und auch die physische Inventur ist nicht mehr nötig. Kassiert wird ohne aufwendiges Aus- und Einladen der Einkaufswägen - man schiebt den Wagen mit den mit RFID-Etiketten versehenen Produkten einfach durch ein Lesegerät und alle Waren werden mit dem aktuellen Preis registriert und berechnet. (10)

Einige sogenannte "Future Stores" existieren bereits, in denen die neue Technik getestet und verbessert wird. Trotzdem werden bis zum breiten Einsatz von RFID auf den Endverbraucherpackungen noch einige Jahre vergehen, denn noch sind die Etiketten viel zu teuer für Supermarkt-Produkte. Schneller wird sich die Technologie bei Transportverpackungen durchsetzen. Wal-Mart hat von seinen größten Lieferanten bereits verlangt, Transportkisten und Paletten von 2005 an nur noch mit RFID-Tags anzuliefern. Auch für Hochpreis-Artikel wie DVDs oder Designer-Kleidung rechnet sich die Auszeichnung mit RFID bereits.

Weitere

Anwendungsmöglichkeiten der Telematik

Die weiteren Einsatzmöglichkeiten der Telematik sind überaus vielfältig. Die Störddatenübermittlung an den Hersteller funktioniert nicht nur bei Fahrzeugen, sondern ist bei Produktionsmaschinen noch viel kostensparender und hilfreicher. Die Zählerstände von Großabnehmern von Gas, Strom und Wasser werden bereits häufig über Fernabfrage ermittelt und auch die elektronische Patientenakte, über die ein Arzt wichtige Patientendaten abfragen kann, ist schon in der Erprobung. Ältere Menschen mit Orientierungsschwierigkeiten können über ein telematisches Trackingsystem gefunden werden und bedrohte Tierarten liefern - mit einem Chip versehen - ständig Daten über ihren Aufenthaltsort und ihre Lebensgewohnheiten. (2), (3)

Problem Sicherheit und Vertraulichkeit

Problematisch ist heute noch die fehlende Sicherheit der Funknetze, d. h. die relativ einfache Möglichkeit an Daten zu gelangen, die über Funknetze übertragen werden. Auch unbeabsichtigte Störungen treten noch zu häufig auf, um die Technik für bestimmte Einsatzgebiete interessant genug zu machen. (11)

Doch die Anbieter von Funknetzen arbeiten mit Hochdruck an der Verbesserung der Datenübertragungssicherheit. Vor allem mit der Einführung des UMTS-Dienstes (Universal-Mobile-Telecommunications-System), mit dem Ende 2003 gerechnet werden kann, erwartet man sich eine durchgreifende Verbesserung für die Sicherheit und Vertraulichkeit der übertragenen Daten. (12)

Fallbeispiele

Toll Collect - das Konsortium für die LKW-Maut

Zuständig für die technische Umsetzung der kilometerabhängigen LKW-Maut in Deutschland ist das Toll Collect Konsortium unter der maßgeblichen Führung von DaimlerChrysler und der Deutschen Telekom. Da die europäische

Wettbewerbskommission eine Monopolstellung von Toll Collect für Telematiksysteme in der Transportwirtschaft befürchtete, wurde Toll Collect dazu verpflichtet, dass die Maut-OBUs den Anschluss von Endgeräten anderer Anbieter ermöglichen. Außerdem muss Toll Collect ein Maut-Modul entwickeln, in das Konkurrenzgeräte integriert werden können. (7)

Komplettangebot für Transporttelematik

Ein Komplettangebot für Telematikaufgaben der Transportwirtschaft liefert die Firma Truck24 aus Oberhaching. Das System ermöglicht die Planung, Abwicklung und Überwachung des Transportvorgangs, die Fahrdatenerfassung und Protokollierung der Fahrertätigkeiten sowie die technische Fahrzeugüberwachung. Mit dieser Lösung sind Einsparungen von bis zu 300 Euro pro Fahrzeug und Monat möglich. (14)

Ladungsorientiertes Telematiksystem von CargoCom

Die CargoCom GmbH, ein Tochterunternehmen von Schmitz Cargobull, hat ein Telematiksystem entwickelt, dass in erster Linie ladungsorientiert ist. Daneben kann durch dieses System, das am besten schon bei der Produktion des Aufliegers eingebaut werden soll, auch die Fahrzeugtechnik des Anhängers überwachen. (8)

RFID wird erprobt

Zu den Vorreitern in Sachen RFID-Erprobung gehören die Handelskonzerne Wal-Mart und Tesco. Beide Unternehmen haben bereits Pilotprojekte durchgeführt, bei denen Endprodukte mit RFID-Etiketten ausgestattet waren. In Deutschland kann man die Technologie im "Future Store" von Metro in Rheinberg begutachten. Neben der RFID-Etikettierung wird dort auch ein "Electronic Shelf System" (ESL), das auf WLAN gestützt ist, ausprobiert. (13)

Für die gesamte interne Supply Chain wird der Textilproduzent Gardeur in Mönchengladbach ab 2004 die RFID-Vorteile nutzen. Umfangreiche Tests haben ergeben, das die besten Ergebnisse mit Etiketten erzielt wurden, die dem ISO-Standard 15693 entsprechen. Durch die an Kleiderbügeln angebrachten Tags wird die Einlagerung, die Kommissionierung und Fakturierung an den Kunden automatisiert.

Telematik beim technischen Außendienst der DB

Im April 2003 wurde die gesamte Auftragsabwicklung des technischen Außendienstes der DB Telematik GmbH auf eine Telematiklösung basierend auf der SAP-ERP umgestellt. Rund 750.000 Aufträge werden nun pro Jahr mithilfe der Telematik an die Techniker verteilt, Statusberichte zurückgeschickt und bei Auftragsfertigstellung die Fakturierung an den Kunden ausgelöst. Man rechnet durch diese Lösung mit Einsparungen von rund einer Million Euro pro Jahr. (15)

Elektronische Patientenakte in NRW

Zur Bekämpfung des Brustkrebses wird in Nordrhein-Westfalen ab Ende 2003 die elektronische Patientenakte erprobt. Durch den dadurch möglichen Komplett-Überblick auf die Krankengeschichte erwartet man sich die Reduzierung von Doppelbehandlungen sowie falscher Medikation. Als weiterer Schritt in Richtung elektronische Patientenakte ist die Implementierung von elektronischen Rezepten geplant, von der man sich bundesweit Einsparungen von ca. 500 Millionen Euro pro Jahr verspricht. (16)

Weiterführende Literatur

(1) Kassierer an Bord
aus Der Spiegel, 21.07.2003, Nr. 30, Seite 80

(2) Butz, Martin, Anwendungen erstrecken sich von Logistik bis hin zu Healthcare - Drahtlosmodule lassen Maschinen schwatzen, Computer Zeitung, Heft 27, 2003, S. 18
aus Der Spiegel, 21.07.2003, Nr. 30, Seite 80

(3) Mobilfunker hoffen auf Umsatzströme aus Machine-to-Machine-Kommunikation - Wenn Maschinen reden, können Firmen sparen, Computer Zeitung, Heft 21, 2003, S. 15
aus Der Spiegel, 21.07.2003, Nr. 30, Seite 80

(4) Bayer, Martin, Ungelöste IT-Probleme verzögern Einführung - Mautprojekt: Stolpe zieht die Notbremse, Computerwoche, 08.08.2003, Nr. 32, S. 10-11
aus Der Spiegel, 21.07.2003, Nr. 30, Seite 80

(5) Prof. Grandjot, Hans-Helmut, Praxis hinkt der Theorie nach - Ihr Nutzen ist unbestritten: Die Verkehrstelematik bringt - sachgerecht angewendet - zahlreiche betriebs- und volkswirtschaftliche Vorteile. Erschlossen aber sind sie noch längst nicht alle. DVZ, Nr. 260, 20.05.2003
aus Der Spiegel, 21.07.2003, Nr. 30, Seite 80

(6) Huber, Karin, Logistikoptimierung in den eigenen vier Wänden - Ob im produzierenden Gewerbe oder im Handel: Werkverkehre stellen ein erhebliches Optimierungspotenzial dar. Dabei muss nicht immer Outsourcing im Spiel sein. DVZ, Nr. 260, 20.05.2003
aus Der Spiegel, 21.07.2003, Nr. 30, Seite 80

(7) Der Markt für Bordsysteme kommt in Bewegung
aus Frankfurter Allgemeine Zeitung, 06.05.2003, Nr. 104, S. 19

(8) Jendras, Peter, Elektronisches Kuddelmuddel - Ein Telematiksystem für die Maut, ein anderes für die Fahrzeugdaten, DVZ, Nr. 260, 20.05.2003
aus Frankfurter Allgemeine Zeitung, 06.05.2003, Nr. 104, S. 19

(9) Das Auto als mobile Notrufsäule ist schön, aber viel zu teuer
aus Frankfurter Allgemeine Zeitung, 27.05.2003, Nr. 122, S. 20

(10) RFID als Joker für eine optimale Warenpräsenz in den Märkten

aus Lebensmittel Zeitung 33 vom 15.08.2003 Seite 026

(11) INTERVIEW - Blauer Zahn für die Feldbus-Ebene aus ke - konstruktion + engineering, Sonderausgabe ASB Markt 2004, S. 70-72

(12) Mobile Computing/Erst UMTS verspricht eine effektivere Verschlüsselung - In Mobilfunknetzen klaffen viele Lücken, Computerwoche, 27.06.2003, Nr. 26, S. 41
aus ke - konstruktion + engineering, Sonderausgabe ASB Markt 2004, S. 70-72

(13) Euphorie mit System
aus Der Handel Nr.06 vom 04.06.2003 Seite 046

(14) Comeback des Sparpakets, DVZ, Nr. 075, 24.06.2003
aus Der Handel Nr.06 vom 04.06.2003 Seite 046

(15) Spantig, Thomas, M-Business - Mobiler R/3-Zugriff, CYBIZ 08 vom 31.07.2003, S. 44
aus Der Handel Nr.06 vom 04.06.2003 Seite 046

(16) Elektronische Akte spart Zeit und Geld, Kölner Stadtanzeiger, 06.08.2003
aus Der Handel Nr.06 vom 04.06.2003 Seite 046

Impressum

Telematik in der Materialwirtschaft und Logistik

Bibliografische Information der deutschen Nationalbibliothek

Die Deutsche Nationalbibliothek verzeichnet diese Publikation in der deutschen Nationalbibliografie; detaillierte bibliografische Daten sind im Internet über http://dnb.d-nb.de abrufbar.

ISBN: 978-3-7379-1025-5

© 2015 GBI-Genios Deutsche Wirtschaftsdatenbank GmbH, Freischützstraße 96, 81927 München, www.genios.de

Alle Rechte vorbehalten. Dieses Werk ist einschließlich aller seiner Teile – z.B. Texte, Tabellen und Grafiken - urheberrechtlich geschützt. Jede Verwertung außerhalb der Grenzen des Urheberrechtsgesetzes bedarf der vorherigen Zustimmung des Verlags. Dies gilt insbesondere auch für auszugsweise Nachdrucke, fotomechanische Vervielfältigungen (Fotokopie/Mikroskopie). Übersetzungen, Auswertungen durch Datenbanken oder ähnliche Einrichtungen und die Einspeicherung und Verarbeitung in elektronischen Systemen.